주기도문 산책

주기도문 산책

초판 1쇄 발행 2017년 9월 18일

지 은 이 | 송길원
사   진 | 이영렬
펴 낸 이 | 이한민
펴 낸 곳 | 아르카
등록번호 | 제307-2017-18호
등록일자 | 2017년 3월 22일
주   소 | 서울 성북구 숭인로2길 61 길음동부센트레빌 106-1805
전   화 | 010-9510-7383
이 메 일 | arca_pub@naver.com
홈페이지 | www.arca.kr
블 로 그 | arca_pub.blog.me
페이스북 | fb.me/ARCApublishing

ⓒ송길원, 저자와의 협약에 의해 인지는 생략되었습니다.
이 출판물은 저작권법에 의해 보호받는 저작물이므로 무단 전재와 무단 복제를 할 수 없습니다.
잘못 만들어진 책은 구입하신 서점에서 교환해 드립니다.

책   값 | 뒤 표지에 있습니다.
I S B N | 979-11-961170-3-0 03230

아르카 ARCA는 기독출판사이며 방주ARK의 라틴어입니다(창 6:15).
네가 만들 방주는 이러하니 … 그 생명을 보존하게 하라 _창 6:15,20

주기도문 산책

송길원 지음 | 이영렬 사진

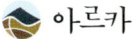
아르카

산책하기 전에

**꿩 대신 닭이 된
주기도문**

"터질 것이 터졌다." 살충제 달걀을 놓고 하는 말이다. '밀집 사육' '공장형 축산'이 가져온 재앙이다. 종교개혁 500주년 기념의 해라는 2017년 여름에 일어난 일이다.

0.05㎡, 정부가 정한 산란계 한 마리당 적정 사육 면적이다. 하지만 현실은 그렇지 못하다. 0.062㎡. A4용지보다 작은 면적이다. 닭이 날개라도 펼치려면 최소 0.065㎡가 돼야 한다. 날갯짓을 하려면 0.198㎡가 필요하다.

가두어 키우지 않고 방사를 하게 되면 닭은 '모래 목욕'을 한다. 몸에 붙은 이물질이나 기생충을 스스로 없앤다. 태아가 출산의 천재이듯 닭도 방역의 천재다. 그런데도 인간의 우매함이 살충제 살포라는 극약 처방을 썼다. 나는 파란색 달걀 모양의 청란교회가 있는 양평 하이패밀리의 더블유 스토리(W-Story)에서 껍질 색이 파란 달걀을 낳는 청계를 사육한다. 그 닭들이 비웃더라. '닭대가리들 아녀?' 그것도 모자라 피프로닐(Fipronil)을 썼단다. 피프로닐이 뭔가? 간이나 갑상선에 영향을 미친다. 체내에 흡수되어 해독 작용 기관을 모조리 망가뜨린다. 끔찍하다.

나는 살충제 달걀에서 '주기도문'의 신세(?)를 보았다. 모래목욕은커녕 일생을 누워보지도 못한 채 서서 알만 낳다 죽는 닭의 짧은 인생, 지금 주기도문도 그렇다!

"주기도문을 하심으로(암송함으로) 예배를 마치겠습니다."

목사가 없는 교인들의 모임이나 간단한(?) 예배에서 축도를 할 수 없을 때 끼어드는 것이 주기도문이다. '꿩 대신 닭'이다. 그것도 모자라 '암송'이다. 그러는 동안 주기도문은 '주문'이 되었다. 펄펄 살아 숨 쉬어야 할 주기도문의 숨통을 조였다. 빅토르 쉬클로프스키(Viktor Sklovskij)가 말한 그대로다.

"결국 바닷가에 사는 사람들은 점점 파도의 속삭임에 익숙해져서 그것을 듣지 않는다. 이런 사실로 비추어 볼 때, 우리도 우리들이 말하는 언어를 거의 듣지 않는다. … 우리는 서로 바라보지만(look), 더 이상 주의 깊게 쳐다보지는(see) 않는다. 세계에 대한 우리의 인식은 시들어 버려서 남아 있는 것이라고는 단순한 인정(recognition)뿐이다."

주기도문은 어느 사이 형해화(形骸化)되었다. 그러면서 그리스도인들은 무기력해졌다.

그뿐 아니다. 주기도문(主祈禱文)은 사라지고 아기도문(我祈禱文)만 남았다. 주기도문과 거리가 먼 삶의 모습을 본다.

하늘에만 계세요. 나의 아버지.

제 이름이 유명히 여김을 받게 하시오며,

나의 나라가 속히 임하게 하시오며

뜻은 하늘에서만 이루어지이다.

오늘날 나에게 3대가 먹어도 남을 만한 양식을 주시옵고,

내가 나에게 죄 지은 자를 용서 못할지라도 나의 죄는 사하여 주시오며,

시험에 들 때나 악할지라도 꼭 구하옵소서.

대개 이 땅의 권세와 영광이 나에게 영원히 있사옵니다.

나만!

'아멘' 대신 '나만!' 요즘 신세대의 표현대로 '헐'이다. 나도 모르게 웃음이 빵 터졌다. 주님은 뭐라 하실까?

또 있다. 주기도문은 언제나 '물구나무서기'다. 웬 뜬금없는 소리냐고?

사뿐하게 이륙한 비행기가 목적지를 눈앞에 두고 흔들리기 시작한다. 금방 착륙할 줄 알았던 비행기가 공항을 맴돈다. 승객들은 불안하다. 착륙시간을 훌쩍 넘겼다. 시계를 들여다본다. 두리번거린다. 어두운 그림자가 스쳐 지나간다. 그때 기장의 안내방송이 나온다. 사람들은 숨죽여 듣는다.

"승객 여러분, 지금 저희 비행기는 바퀴의 오작동으로 비상동체착륙을 해야 할 상황입니다. 안전벨트를 매시고…"

기장의 목소리가 떨리고 있다. 이때 사람들 입에서 나오는 소리가 있다. "오 마이 갓!" 그리고 탄식처럼 쏟아내는 말이 있다. "살려

주세요!" 순간 공포가 밀려온다. 짧은 순간 죽음이 떠오른다. '사람이 이렇게 죽을 수도 있구나.' 3인칭(그, 그녀, 누군가)의 죽음이 1인칭(내가)의 죽음으로 바뀌는 순간이다.

비행기는 몇 차례나 착륙을 시도하다 다시 떠오르기를 반복한다. 웅성거리는 승객들, 이때 그들 입에서 터지는 말은 이것이다. "용서해 주세요." 그동안 지었던 죄가 떠오른다. 이대로는 지옥에 갈 수밖에 없다. 기도는 절절해진다. 주마등처럼 떠오르는 얼굴들이 있다. '아, 그들에게 용서를 구했어야 하는데….'

시간은 점점 가슴을 옥죄어 온다. 그때 다시 떠오르는 것이 있다. '재산 좀 미리 정리해 둘 걸.' 자식 놈들도 생각난다. '저 녀석들이 (굶지 않고) 잘 살아야 할 텐데….'

순서가 어떤가? 나에게서 시작한 것이다.

주기도문은 순서가 있다. '아버지'로 시작해 '거룩'과 '하나님의 나라' 그리고 '양식'과 '용서'와 '보호'로 이어진다. 그런데 자기가 죽을 것 같을 때는 다르다. 한 순간에 주기도문의 순서가 뒤집힌다. 물구나무서기하는 것이다. 주기도문이 도대체 어떤 기도인가?

하나님의 인간에 대한 첫 질문이 있었다.

"네가 어디 있느냐?"(Where are you?)

'두려움'에 숨었다고 답하는 아담에게 다시 묻는다.

"누가 너의 벗었음을 네게 알렸느냐? 내가 네게 먹지 말라 명한 그 나무 열매를 네가 먹었느냐?"

아담은 '하나님께서 나와 함께 살라고 한 여자'를 핑계 삼는다. 질문은 계속된다. 이번에는 하와에게다. "네가 어찌하여 이렇게 하였느냐?"(What is this you have done?) 탓하고 있기는 하와도 매일반이다.

"뱀이 꼬셔서…."

이번에는 뱀에게 물을 차례다. "너는 왜 그랬느냐?"

그러나 묻고 답하는 일은 하와까지다. 왜? 질문은 사람에게만 해당되는 것이니까.

인간은 답하지 못했다. 아니 답을 찾을 생각조차 없었다. 주님이 대신 모범 답안지를 들고 오셨다. 주기도문이다. 주기도문은 정확하게 내가 서 있어야 할 자리를 가리킨다.

"내가 너희를 영접하여 너희에게 아버지가 되고 너희는 내게 '자녀'가 되리라 전능하신 주의 말씀이니라 하셨느니라"(고후 6:17b,18).

그러니까 '자녀'의 자리에 있으란다. 깐죽대면 안 된다. 까불거려도 안 된다. 시건방떨지 말아야 한다. 왜? 아버지 앞이니까. 그리고 거룩의 자리에 늘 서 있어야 한다. 하나님의 통치를 갈망해야 한다. 이게 주기도문의 교훈이다. 신자의 포지셔닝(positioning)이다.

산상수훈이 우리 인생들을 향해 하나님이 내미신 축복의 반지라면, 주기도문은 산상수훈의 정중앙에 박힌 보석이다. 151자의 글자로 세공된 약속이 있다. 보증이 있고 꿈이 있다. 그 깊은 의미를 알게 된 사막의 교부는 형용할 수 없는 감동에 며칠간 입을 다물지 못했다고 하지 않던가? 그런즉 주기도문을 우리의 편견에 가두지 말아야 한다. 풀어놓아야 한다.

"죽은 자가 수족을 베로 동인 채로 나오는데 그 얼굴은 수건에 싸였더라 예수께서 이르시되 풀어 놓아 다니게 하라 하시니라"(요 11:44).

종교개혁 500주년, '주기도문을 주기도문 되게' 하는 일로부터 이 시대의 개혁은 시작되어야 한다.

산상수훈의 핵심,
주기도문이 말을 걸어오다

"산상수훈은 은유와 지침, 경고와 지도, 격언과 결정적 일격을 가하는 결론적 이야기들이 흥미로운 모자이크를 구성하고 있다. 산상수훈은 예수님과 동행하면서 우리가 누구인지 그리고 무엇을 하고 있는지를 이해하는 데 필요한 이미지와 말을 절묘하게 배치해 놓았다. 예수님이 하신 말씀의 많은 부분이, 우리 자신과 우리 주변의 세계에 대한 기존의 생각을 뒤집어 놓는다. 새롭게 이해해야 할 것, 다시 배워야 할 것, 다시 상상해야 할 것들이 참으로 많다."

_유진 피터슨, 《비유로 말하라》 중에서.

이토록 놀라운 산상수훈의 한 가운데 놓인 것이 주기도문이다(마 6:9-13). 마치 산상수훈의 중심이자 핵심처럼 여겨진다. 이번에는 주기도문이 말을 걸어온다.

"하늘에 계신"이라고 하지 말라.
세상 일에만 관심 두고 있다면.
"우리"라고 말하지 말라.
너 혼자만을 위해 살고 있다면.
"아버지"라고 부르지 말라.
아들딸처럼 살고 있지 않다면.
"아버지의 이름을 거룩하게 하시며"라고 기도하지 말라.
입술로는 하나님을 부르지만 마음은 멀리 있다면.

"아버지의 나라가 오게 하시며"라고 기도하지 말라.

하나님 나라와 세상 나라를 혼동하고 있다면.

"아버지의 뜻이 땅에서도 이루어지게 하소서"라고
기도하지 말라.

그 뜻을 위해 고통 받을 각오가 되어 있지 않다면.

"오늘 우리에게 일용할 양식을 주시고"라고 기도하지 말라.

배고픈 사람들에 대해 아무런 관심이 없다면.

"우리가 우리에게 잘못한 사람을 용서한 것같이
우리 죄를 용서하여 주시고"라고 기도하지 말라.

누구에겐가 아직도 앙심을 품고 있다면.

"우리를 시험에 빠지지 않게 하시고"라고 기도하지 말라.

죄 지을 기회를 찾아다니고 있다면.

"악에서 구하소서"라고 기도하지 말라.

악에 대항해 싸울 마음이 없다면.

"아멘"이라고 말하지 말라.

아버지의 말씀을 심각하게 받을 마음이 없다면.

_우루과이 어느 성당 벽에 기록된 주기도문.

이야기와 함께하는

주기도문 산책

사실을 내게 말하면 나는 배울 것이다.

진실을 말하면 나는 믿을 것이다.

그러나 나에게 스토리를 말해주면

그것은 내 마음속에 영원히 남을 것이다.

Tell me a fact and I'll learn,

Tell me a truth and I'll believe,

But tell me a story and it will live in my heart forever.

_인디언의 속담, 《트랜스미디어 스토리텔링의 이해》.

"모든 산책은 발견이다. 산책을 통해 우리는 시간을 가지고 사물의 전체를 보게 된다."

할 볼랜드(미국 작가)의 이야기다. 산책을 통해 우리는 내가 누구인지, 주님이 어떤 분이신지, 나의 삶의 방향은 어디로 향해야 하는지를 발견하게 된다.

일, 산책길은 이야기로 넘쳐난다. 누군가의 일상의 평범하면서 비범한 이야기를 듣다 끝내 내 이야기를 쓰게 된다.

이, 독서는 앉아서 하는 여행이요, 여행은 서서 하는 독서라 했다. '주기도문 산책'의 책자와 산책길로 우리는 두 마리 토끼를 잡고야 만다.

삼, '천지창조'에서 '최후의 심판'까지 성경의 이야기를 담아냈다고 해서 이름 붙여진 '바이블 마운틴'을 오른다. 둘이 하나 되어 2.1킬로미터 산길을 걷다보면 치유와 회복이 일어난다.

주기도문 산책길의 순서

산책하기 전에
꿩 대신 닭이 된 주기도문
산상수훈의 핵심, 주기도문이 말을 걸어오다
이야기와 함께하는 주기도문 산책

01 첫 번째 선물과 모나리자 미소의 비밀 18
주기도문 산책의 출발

02 우리는 누구 편인가에 대하여 26
"하늘에 계신 우리 아버지여"

03 추한 낙인이 영광의 흔적이 되는 몸부림 32
"이름이 거룩히 여김을 받으시오며"

04 하나님의 나라는 끄덕임으로 온다 38
"나라가 임하시오며, 뜻이 하늘에서 이루어진 것같이 땅에서도 이루어지이다"

05 나는 몇 명의 밥그릇을 구하고 있는가? 44
"오늘 우리에게 일용할 양식을 주시옵고"

06 살며 견디다 보면 살아지는 것 48
겟세마니 언덕길에서 흘리는 눈물

07 향나무는 도끼날에 향을 묻힌다 52
"우리가 우리에게 죄지은 자를 사하여 준 것같이 우리 죄를 사하여 주시옵고"

08 가지 않은 길과 가야 할 길 56
두 갈래의 길에서 제 갈 길 선택하기

09 거미줄과 366의 비밀 60
"우리를 시험에 들게 하지 마시옵고 다만 악에서 구하시옵소서"

10 어찌 안 놀라 찬양 안 할까? 64
삼경봉(參驚峰)을 오르며 세 번 놀라라

11 산 정상에서 만나는 송영의 십자가 70
"나라와 권세와 영광이 아버지께 영원히 있사옵나이다"

12 주기도로 들여다본 시편 23편 80

13 주기도를 말씀으로 풀다 84

산책하고 나서
종교개혁과 주기도문 / 안인섭 교수

주기도문 산책길 안내

7 나라와 권세와 영광이
아버지께
영원히 있사옵나이다

4 오늘 우리에게 일용할 양식을 주시옵고

3 나라가 임하시오며
뜻이 하늘에서 이루어진 것같이
땅에서도 이루어지이다

옹달샘

1 하늘에 계신 우리 아버지여

도착 ← W → 출발

Map Point

1. 유명 화가들의 작품과 주기도문의 주제를 엮어 보았습니다.
   미학(美學)의 또 다른 세계를 체험할 수 있을 것입니다.

2. 천지창조에서 최후의 심판까지 그려지고 있는
   3만 평의 산(山)은 그 자체로 또 하나의 성경이 되었습니다.
   숲속에서 만나는 주님의 특별한 음성이 있습니다.

3. 숲속 기도회, 오르겔 콘서트, 미술 전시회, W-스토리의 해피투어,
   리듬 & 다이어트 등 다양한 콘텐츠와 연계되어 일석이조의 효과를 얻게 됩니다.

6

우리를 시험에 들게 하지 마시옵고
다만 악에서 구하시옵소서

숲기도

5

우리가 우리에게 죄 지은 자를
사하여 준 것같이
우리 죄를 사하여 주시옵고

2

이름이 거룩히 여김을
받으시오며

- 둘이 하나되어 걷는 2.1km
- 3000보의 걸음
- 달빛과 조명이 어우러진 야간산책도 가능합니다.

01 첫 번째 선물과 모나리자 미소의 비밀

주기도문 산책의 출발

한국 선교의 시작점을 묻는다. 답한다. '1884년?' '1885년?' 둘 다 맞다. 의료선교사 알렌이 1884년에, 언더우드와 아펜젤러 선교사가 1885년에 입국했다. 하지만 이들보다 52년 또는 53년 앞서 입국한 선교사가 있었다. 칼 프리드리히 아우구스트 귀츨라프(1803-1851)다. 1832년 7월 17일, 서양 선박 로드 애머스트호의 선의(船醫) 겸 통역관으로 조선에 들어왔다. 최초의 통상 교섭을 위한 방문이었다. 1866년에 대동강에서 순교한 토마스 선교사보다 34년을 앞선 첫 선교사의 발걸음이었다.

조선 순조 때인 1832년, 그는 끝내 쫓겨난다. 재미 신학자 옥성득 교수는 칼 귀츨라프의 한국 방문에 대해 이런 의견을 제시한다.

"'바닷가를 스쳐 지나갔을 뿐' 별다른 성과가 없었다(민경배)는 평가도 있지만, 귀츨라프가 일기에 썼듯이 소멸되지 않는 '하나님의 진리의 씨'가 한반도 땅에 뿌려졌으며(백낙준), '주님께서 작정해서 짚어 주신 날에는 반드시 열매가 맺힐 것'으로 보는 관점이 그의 선교 방법론과 연관하여 더 바람직할 것이다."

나는 이렇게 말해 본다.

"귀츨라프는 '실패'라 썼고 하나님은 '성공'이라 읽으셨다."

그는 황해도 몽금포 해안을 거쳐 서해 고대도에 머물렀다. 고대도에 정박해 있는 동안 한국의 첫 선교사 귀츨라프가 한 일이 있었다.

문화 중계자이기도 했던 귀츨라프 선교사는 감자 재배법을 알려 주었다. 가난에 찌든 우리 민족에게 다가온 하늘의 만나였다. 지금도 감자는 가난에서 건졌다는 의미에서 구황(救荒)식품으로 불린다. 완전식품이다. 하나님의 손길은 우리 민족을 그렇게 어루만지셨다. 포도 재배와 포도주 담그는 것도 가르쳐 주었다. 하이패밀리는 이를 기념하여 성찬용 와인을 보관하는 와이너리를 두었다(사진①).

또한 언어 실력이 뛰어났던 그는 홍주 목사의 도움을 받아 주기도문을 번역했다. 귀츨라프가 주기도문을 번역하였다는 기록은 있지만 아직 발굴되지는 않았다.

이와 달리 한국인에 의해 번역된 첫 기도문은 이수정의 주기도문이다. 총신대학교의 박용규 교수는 "이수정이 번역한 주기도문은 1885년 5월에 오랜 역사를 자랑하고 영향력 있는 미국성서공회가 간행하는 'The Bible Society Record'에 나타나는데 이것은 한국인이 번역한 최초의 주기도문이다"라고 밝혔다(사진②). 그는 덧붙여 "하나님의 특별한 섭리 가운데 이 수정의 주기도문이 실린 'The Bible Society Record'를 구할 수 있었다"고 보고했다.

    우리에게 다가온 선물인 '주기도문', 하이패밀리는 '주기도문 영성의 길'로 답하기로 했다. 3만 평의 부지 위에 2.1킬로미터의 산책길을 5년에 걸쳐 조성했다. 굽이치는 길마다 작품이 놓여졌다. 현대 작가들의 설치 작품들이다(사진③). 사인보드는 의미를 더하기 위해 16-17세기, 종교개혁의 정신을 담아낸 작가들의 작품 위주로 꾸며졌다. 미학적 가치를 지닌 예술품들과 함께 걷다 보면 산책길은 어느 사이

'걸어다니는 화랑'이 되고 만다.

    다 빈치의 모나리자 앞에 선다(사진④). 사람들의 시선이 머무는 곳이 있다. 얼굴이다. 미소를 본다. 그 신비를 캐려고 한다. 하지만 누구도 풀지 못했다. 하지만 나는 안다. 미소의 비밀을!

4

파리에 갔을 때 일이다. 한국 관광객 한 무리가 모나리자 앞에 몰려왔다. 대부분은 해설자의 설명을 듣기보다 인증 샷을 찍기 바쁘다. 관광 가이드가 채근한다. "이제 떠나시죠." 그때 한 사람이 황급히 해설자에게 묻는다. "저거 진짜죠?" 순간, 나는 모나리자가 웃는 것을 보았다.

작품에서 우리가 놓치는 것이 있다. 모나리자의 배경에는 물과 땅, 하늘과 구름, 산과 언덕이 있다. 자연으로부터 가장 많은 것을 배웠다는 다 빈치, 주님이 '산상보훈' 잔치의 초대장을 만드셨다면 이 그림을 표지로 쓰지 않으셨을까?

여전히 사람들은 묻는다. "모나리자는 왜 눈썹이 없나요?"

다 빈치는 고백했다. "내가 살아 있는 동안 모나리자는 내 곁에 있을 것이며, 결코 '완성'했다고 생각하지도 않을 것이다."

난 무릎을 쳤다. 그렇다. 다 빈치는 모나리자의 완성을 우리에게 맡겼다. 가장 아름다운 것은 미완성이다. 누가복음의 탕자 비유가 그렇다. 큰 아들이 돌아왔다는 이야기가 없다. 성경의 비유에서 유일하

게 미완성이다. 무슨 뜻인가? 탕자의 이야기는 지금도 여전히 진행되고 있다. 내가 돌아서 주님의 품에 안길 때 완성된다.

    주님이 모나리자를 표지 인물로 선택했을 이유가 또 하나 늘었다. 날더러 주기도문을 완성하라 하신 것이다. 그리고 그분의 기대는 하나 더 있다. '주기도문 산책'을 끝낼 때 나에게도 저런 아름다운 미소가 번지기를….

    암(癌)이란 한자를 뜯어보라. '병든(病) 음식을 산(山)더미처럼 먹어(口) 생긴 것'이 아닌가? 이런 해석도 있다. '세 구멍에 나쁜 것이 산처럼 쌓이면 암이 된다.' 3가지 구멍은 콧구멍, 귓구멍, 목구멍이다. 콧구멍은 여러 가지 환경 발암물질을 호흡하는 구멍이다. 귓구멍은 스트레스를 받는 구멍이라 할 수 있다. 목구멍은 음식을 섭취하는 식이습관을 의미한다. 이 구멍들은 종종 씻어 주어야 한다. 그래서 우

5

리는 산을 오른다(사진⑤).

    하이패밀리가 있는 양평은 도시 사람들, 특히 수도권에 사는 사람들이 반나절 시간만 내도 콧바람을 쐬기에 가장 좋은 동네다. 유명산자연휴양림, 중미산자연휴양림, 설매재자연휴양림, 용문산자연휴양림…, 국립 산음(山陰, 산그늘) 자연휴양림으로 산림청이 꼽은 최적의 장소다. 코가 벌름벌름 춤을 춘다.

    이번에는 귓구멍이다. 스트레스 중에 스트레스는 잡소리, 헛소리들이다. 고요함에 내 몸을 맡기면 하늘 음성, 새 소리, 바람 소리, 개울물 소리, 풀벌레 소리가 내 몸을 다스려 준다. 귓구멍이 뻥 뚫린다. 말 그대로 치유의 숲이다.

    마지막으로 목구멍의 때, 벗겨 주어야 한다. 우리 농산물로 가득한 밥상이 이곳 말고 또 어디 있겠는가?

2.1킬로미터의 길, 둘이 하나 되어 걸어보자(사진⑥). 3천보를 걷고 나면 몸이 산다. 영혼이 춤을 춘다. 건강은 덤이다. 그래도 주저된다고? 아니, 주님이 주기도문을 골방에서 가르치셨나? 회당에서 가르치셨나? 산에서 가르치신 것이다. 우리도 가자! 산으로!

루터는 빌라도 계단(로마의 스칼라 산타)을 기어 올라가면서 28번이나 주기도문 기도를 드렸다. 할아버지 하이네의 석방을 기도하면서…. 우리도 주기도문으로 계단을 올라보자.

하늘에 계신 우리 아버지,

당신의 이름이 거룩해지시며,

당신의 왕국이 임하여

당신의 뜻이 하늘에서 이루어진 것처럼

땅에서도 이루어지게 하십시오.

오늘 우리의 필요한 빵을 우리에게 주시고,

우리가 우리에게 빚진 자들을 용서한 것처럼

우리의 빚진 일들을 용서해 주시며,

우리를 시험에 들지 않게 해 주시고

오직 악에서 우리를 구해 주십시오.

(참으로 왕국과 능력과 영화가 영원히 당신의 것입니다. 아멘.)

_헬라어 직역성경 참조

02 우리는 누구 편인가에 대하여

"하늘에 계신 우리 아버지여"

설교 직전이었다. 앞자리에 앉아 간절히 기도하고 있는 목사 아빠에게 아들이 다가와 묻는다.

"아빠, 뭘 기도하셨어요?"

"야, 이 녀석아. 그거야, 설교를 잘하게 해 달라고 기도했지."

아들이 되묻는다.

"아, 아빠. 그런데 하나님은 왜 아빠 기도를 십수 년 동안 한 번도 안 들으세요?"

대체 하나님은 언제 우리 기도를 들으시는 것일까?

우리는 '기도'라 하면 곧 바로 떠올리는 것이 있다. '응답.' 그래서 응답받은 기도는 '좋은 기도', 응답받지 못한 기도는 '나쁜 기도'다. 주님이 과연 기도를 그렇게 가르치셨을까?

미국의 남북전쟁 당시의 일이다. 전쟁이 지루해지면서 병사들은 피곤해졌다. '언제 가족 품에 돌아가게 될까?' '전쟁에서 아군이 이길 수 있을까?' '하나님은 도대체 누구 편인가?'

그때 링컨 휘하에 있는 장군 한 사람이 링컨에게 다가가 묻는다.

"각하, 우리가 전쟁에 지는 한이 있더라도 하나님이 우리 편인 것만 확인할 수 있다면 이렇게 고달프지는 않을 텐데요."

링컨이 말했다.

"이봐, 나는 하나님이 누구 편인지에 대해선 관심 없어. 하나님이 남군 편인가? 북군 편인가? 그게 중요한 게 아니라 내가 하나님 편에 서 있는가, 아닌가? 그게 중요해."

우리를 항상 하나님 편에 서 있게 하는 기도가 주기도문이다. 내가 서 있어야 할 첫 번째 자리는 '자녀의 자리'다. 성경은 이른다.

"내가 너희를 영접하여 너희에게 아버지가 되고 너희는 내게 자녀가 되리라. 전능하신 주의 말씀이니라"(고후 6:17,18)

아니, 하나님이 어떤 분이신데 그분을 감히 '아버지'라 부를 수 있는가? 이보다 더 큰 은혜가 어디 있는가? 이래서 주기도문은 '신앙고백'이 된다.

첫 번째 신앙고백은 관계의 고백이다.

미켈란젤로의 천지창조를 보라(사진⑦). 모나리자를 들여다보듯 사람들은 얼굴부터 살피며 읊조린다. '수염 달린 하나님', '할아버지', '옷을 걸친 하나님과 발가벗겨진 아담' 그리고 서로를 향한 '눈빛'에 시선이 모아진다. 그러나 정작 놓치는 것이 있다. 서로를 향한 손길이다. 긴장이 느껴진다. 손가락이 맞닿을 듯 말 듯, 불꽃이 튄다. 대체 저 사이에는 무엇이 존재하고 있는 걸까? 난 그것을 '기다림'이라 표

현한다. 덥석 손을 낚아채지 않고 기다리시는 것이다. 창조의 이야기가 오롯이 담겼다.

하나님은 사람에게 동물들의 이름을 부여하도록 기회를 주셨다. 창조 작업에 동참시키신 것이다. 모든 동물은 암수로 지으셨다. 그러나 사람은 달랐다. 아담은 동물들에게 이름을 부여하며 그 사실을 발견한다. 다들 짝이 있는데 나만 짝이 없다는 것을. 이처럼 하나님은 아담이 깨달을 때까지 기다리신다. 질문할 필요가 없는 동물들과 또 다른 관계의 설정이다.

숨을 돌리기 위해 바위에 걸터 앉아본다(사진⑧). 떠오르는 성경구절이 있다.

'나의 반석', '나의 요새', '나의 바위', '나의 방패', '나의 산성'이시니…(시 18:2).

이제야 알 것 같지 않은가? 왜 사랑은 '오래 참음'으로 시작해 '견디는' 것으로 끝나야 하는지를….

성경은 이른다.

"하나님은 사랑이시라"(요일 4:16).

나도 모르게 터져 나오는 소리.

"아! 아빠!!"

심장이 고동친다. 눈물이 주르르 흐른다.

다시 살펴본다. "하늘에 계신 '나의' 아버지"가 아니다. '우리의' 아버지다. 왜일까? 교회는 '나'가 아닌 '우리'다. 난 기도할 때 '아직도 하나님을 알지 못하는 나의 친척, 나의 지인, 나의 가족'이 떠오른다. "그들도 언젠가 하나님을 아버지라 부를 그날을 허락하옵소서." 그래서 나의 기도는 절절해진다.

나사로 비유를 보면 지옥에 가서도 형제들을 찾는 부자의 이야기가 있다. "저들이 이곳에 오지 않도록 죽은 나사로를 보내 달라"(눅 16:27,28). 이 얼마나 놀라운 선교적 갈망인가?

뿐만 아니다. 나의 기도는 한 번도 고독하거나 외로워 본 일이 없다. 지금도 어디선가 나를 위해 기도하고 있을 형제자매를 생각하며 확신 가운데 구하게 된다. 성경은 이른다.

"너희 중의 두 사람이 땅에서 합심하여 무엇이든지 구하면 하늘에 계신 내 아버지께서 그들을 위하여 이루게 하시리라 두 세 사람이 내 이름으로 모인 곳에는 나도 그들 중에 있느니라"(마 18:19).

나는 찬양한다. 그것도 아카펠라로.

"당신이 지쳐서 / 눈물이 빗물처럼 흘러내릴 때 / 누군가 널 위해 기도하네. / 네가 홀로 외로워서 마음이 무너질 때 / 누군가 널 위하여 기도하네."

숨을 돌리기 위해 바위에 걸터 앉아본다.
떠오르는 성경구절이 있다.
'나의 반석', '나의 요새',
'나의 바위', '나의 방패',
'나의 산성'이시니….

03 추한 낙인이 영광의 흔적이 되는 몸부림

"이름이 거룩히 여김을 받으시오며"

시장에 가는 엄마를 따라 나선 아이가 있었다. 모든 것이 신기롭기만 하다. 엄마가 물건을 고르는 사이 그만 다른 데 정신을 파느라 엄마를 놓치고 만다. 아이는 엄마를 찾는다. 흐느낀다. 보이지 않는 엄마를 부른다. "헬렌, 헤~엘렌!"

자기 이름을 부르는 소리에 엄마 헬렌이 고개를 돌린다. 아이가 보이지 않는다. 소리를 따라 내달린다. 이내 아이를 발견한다. 기둥 뒤에서 자기 이름을 부르며 울고 있는 아이, 엄마가 얼른 안아준다. 등을 토닥인다. "그래, 알았어. 엄마가 여기 있잖아. 그러기에 엄마 옆에 꼭 붙어 있으라 했잖아!"

엄마 품에 안긴 아이가 이내 울음을 그친다. 엄마가 궁금해 묻는다. "너 왜 맘(mom)이라고 엄마를 부르지 않고 헬렌이라고 불렀던 거니?"

아이가 답한다. "시장 바닥에 맘은 수도 없이 많지만 헬렌은 꼭 한 명일 거라 생각했어요."

그 말을 들은 엄마는 아이를 끌어안고 엉엉 울어 버리고 만다.

우리를 성도로 불러준 이가 계신다. 우리가 아버지라 부르자 그분은 우리를 마치 성도라 부르시는 듯하다. 이보다 더 놀라운 일이 어디 있을까?

이 세상에 가장 아름다운 이름이 있다. 성도(聖徒). 우리를 성도로 불러내신 주님이 우리에게 요구하시는 게 있다. "내가 거룩하니 너희도 거룩하여라." 여기에 우리를 향한 부름이 있다.

"너희는 내가 명령한 것을 행하고, 내가 일러준 대로 살아라. 나는 하나님이다. 나의 거룩한 이름을 더럽히지 말아라. … 나는 하나님이다"(레 22:31-33, 지은이 옮김).

무엇이 '거룩'일까? 거룩은 한 마디로 요약하면 '몸부림'이다.

바닷가 마을에 두 형제가 있었다. 배를 훔치려던 둘이 마을 사람들에게 붙잡혔다. 분개한 그들은 가만 내버려두면 안 된다고 했다. 회의가 소집되었다. 목을 매달아야 한다는 극한 주장이 나오는가 하면, 처음이니까 기회를 주어야 한다고도 했다. 의견은 분분했다. 사람들 이야기를 잠잠히 듣고 있던 촌장이 입을 열어 말한다.

"설령 저들의 한 짓이 크고 커도 그 목숨까지 빼앗을 자격이 우리에겐 없소. 그렇다고 충고만 하고 끝내기엔 죄가 중하니 도둑질을 했다는 표식을 몸에 남기면 어떻겠소. 저들이 지은 죄를 두고두고 후회하며 다시는 그런 죄를 짓지 않도록 말입니다."

그렇게 해서 두 형제의 이마에 ST가 새겨졌다. 'Ship Thief'(배 도둑)의 약자였다(사진⑨). 사람들은 볼 때마다 '배 도둑'이라고 수군거렸다. 이마에 깊이 새겨진 스티그마(stigma), 낙인은 큰 상처였다.

수치심을 견디기 어려웠던 형은 어느 날 야밤에 마을을 떠났다. 하지만 글자까지 버려두고 떠날 수는 없었다. 어디를 가도 ST가 따라다녔다. 궁금해서 묻는 사람들이 싫어 숨어 지내다 보니 마음이 편할 리 없다. 괴로움과 회한이 그의 마음을 짓눌렀다. 밤마다 악몽을 꾸었다. 깊은 트라우마(trauma, 외상후 스트레스 장애)로 자리 잡았다.

하지만 동생은 어디를 가도 죄를 피할 수 없다는 생각에 죄과를 달게 받기로 결심한다. 사람들의 수군거림과 손가락질도 묵묵히 견뎌냈다. 세월이 켜켜이 쌓여간다. 사람들 역시 각자 일에 바빠졌다. 죄를 지은 형제에 대한 관심은 희미해졌다.

동생은 그야말로 하루하루 참회하는 심정으로 살아갔다. 자신의 일에만 열중했다. 사람들은 동생의 모습에 칭찬을 늘어놓기 시작했다. 스스럼없이 다가왔다. 도움을 청할 때면 성심성의껏 도왔다. 그

러던 어느 날이었다. 나그네가 그 마을을 지나가게 되었다. 한 노인의 이마에 새겨진 글자(ST)를 보고 궁금해 묻는다. 동네 사람이 대답한다.

"저 분은 우리 마을의 자랑이자 우리 모두의 존경의 대상이랍니다. 어른들은 아이들에게 이렇게 가르치지요. '저 분처럼만 살아라.' 이마에 새겨진 글씨는 성자(Saint)의 약자랍니다."

산 위에 올려놓은 배 앞에서 준비된 물감으로 바디페인팅을 한다. 아내의 이마에 ST를 새긴다. 남편의 이마에도 ST를 새긴다(사진⑩). 어떤 이는 웃기도 하고 어떤 이는 자못 진지하다. 손이 떨리기도 한다. 서로를 향해 주님의 음성을 전한다. "내가 거룩하니 너희도 거룩할 지어다"(레 11:45). 적어도 이 순간만큼은 모두 성자가 된다.

나는 '거룩'의 시각 이미지로 르누아르의 '빨래하는 여인들'을 꼽았다(사진⑪). 빨래를 하다보면 내 마음에 낀 얼룩들도 점차 사라지고

　거룩에 이를 수 있을까? 문지르고 또 문지르고 헹구다 보면 묵은 때가 씻겨질까? 더 솔직한 내 생각의 의도는 일상의 거룩을 이야기하고 싶어서다. 거룩은 제단에만 있는 것이 아닌 우리 가정 안에 있어야 한다는 믿음이다. 성(聖) 가정의 꿈이다.
　어떻게 거룩할 수 있을까? 방법이 하나 있다. '몸부림'이다. 거룩을 이보다 더 극명하게 드러낼 단어를 찾지 못했다. 결코 거룩할 수 없는 나의 추함, 하지만 나의 몸부림 속에 거룩을 향한 작은 신음이 있다.
　나는 어머니에게서 그 거룩을 보았다. 어머니의 손길로 약함과 악함, 추함과 천박, 눈물과 고통도 다 녹여진다. 어머니는 그 아픔을 견뎌내느라 또 얼마나 몸부림을 쳤을 것인가?
　자칭 인간 국보 1호라 부른 양주동 선생은 그의 시 '어버이 노래'에서 이를 이렇게 드러낸다.

사람의 마음속엔 온 가지 소원
어머님 마음속엔 오직 한 가지
아낌없이 일생을 자식 위하여
살과 뼈를 깎아서 바치는 마음
인간의 그 무엇이 거룩하리요.
어머님의 사랑은 그지없어라.

조용히 어버이의 노래를 불러본다. 그리고 다짐한다.
"트라우마를 영광의 스티그마로!"

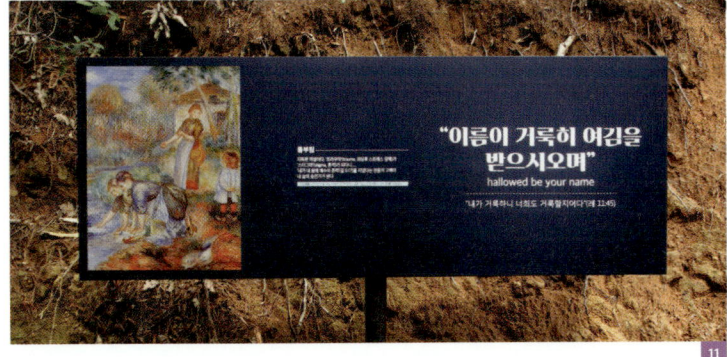

04 하나님나라는 끄덕임으로 온다

"나라가 임하시오며, 뜻이 하늘에서 이루어진 것 같이 땅에서도 이루어지이다"

떼제 공동체, 2005년 8월의 어느 날, 기도 시간이었다. 90세의 로제 수사도 함께하고 있었다. 그때 한 여성이 성당으로 들어섰다. 그녀는 칼을 빼더니 맨 뒤에 앉아 있던 로제 수사의 목을 찔렀다. 로제 수사는 피를 쏟으며 고꾸라졌다.

젊은 수사 몇 명이 로제 수사를 업고 뛰쳐나갔다. 도착한 응급차에 싣고 병원으로 내닫는다. 로제 수사는 끝내 목숨을 잃었다. 범행을 저지른 루마니아 여성은 정신착란 상태였다.

성당에 남아 있던 수사들은 차분하게 저녁기도를 마쳤다. 그들은 무엇을 간구했을까? "주님, 저 여인을 용서해 주십시오."

지금도 수많은 젊은이들이 찾아 오는 떼제 공동체에는 떼제만의 영성이 있다. 어떤 상황에서도 '예'라고 할 수 있는 힘이다. 하나님나라는 '도리질'이 아닌 '끄덕임'으로 온다.

고요하기만 한 숲속, 5미터 높이의 '킹덤 트리'(kingdom tree)가 끄덕이고 있다(사진⑫). 한 번 시작한 끄덕임은 5분이 지나도 멈출 줄을 모른다. 하나님 나라는 그렇게 찾아온다.

'예' '예' '예' '예' '예' '예'
'예' '예' '예' '예' '예'
'예' '예' '예' '예' '예'
'예' '예' '예' '예'
'예' '예' '예'
'예' '예'
'예'

이주향 교수는 렘브란트 반 레인 작, '십자가에서 내려지는 예수'에 대해 이렇게 말한다(사진⑬).

"십자가 사건은 참담한 사건입니다. 처참하게 버려지면서도 예수는 '억울하게 죽는 거 알기나 하느냐'며 항변하지도 않았고, '너희를 위해 죽는 거라고, 나를 알아달라'고 호소하지도 않았습니다. 예수는 스스로 자신을 신의 각본 속에 들어 있는 주연 배우로 내세운 적도 없습니다. 십자가형이라는 어마어마한 고통 앞에서 동요하지도 않았고, 의기소침해져 우왕좌왕하지도 않았습니다. 예수는 저 기막히게 불행한 사건을 있는 그대로 받아들일 줄 알았습니다."

십자가는 죽음 앞에서도 '예'라고 답했던 주님의 아멘이었다.

한 목사님이 안식년을 미국에서 보내게 되었다. 안 쓰던 영어를 쓰게 되면서 여러 가지로 불편했다. 미국식 영어는 모음 다음의 T는

R 발음으로 바뀐다. 그러니까 water(워터)는 '워러'로 발음해야 한다. 또르르 구르는 듯…. 처음에는 어색했지만 차츰 익숙해졌다.

1년여 안식년이 지나 목사님이 귀국했다. 돌아오자마자 전한 첫 설교 본문이 시편 23편이었다. 성경을 읽는다. 그러다 자신도 모르게 혀가 미끄러지면서 엉뚱한 발음이 튀어나오고 만다. "여호와는 나의 목자르시니…."

'아차' 싶었다. '목 자르시니…!'

숨이 컥 막힌다. 짧은 순간이지만, 그럼에도 불구하고 '내가 부족함이 없으리로다'라고 고백할 수 있을까, 스스로에게 묻는다. 자신도 모르게 울어 버린다. 영문을 알고 난 성도들도 따라 운다.

과연 나의 목을 자르신다 해도 나는 '예'라고 답할 수 있을 것인가? 나도 모르게 탄성이 흘러나온다. 다른 건 몰라도 '분노조절장애'(간헐성 폭발장애)만이라도 다스릴 수 있을까? 아, 하나님 나라는 그렇게 찾아오고 있었다.

김지하 시인의 시 <타는 목마름으로>를 보자.

신새벽 뒷골목에
네 이름을 쓴다 민주주의여
내 머리는 너를 잊은 지 오래
내 발길은 너를 잊은 지 너무도 너무도 오래
오직 한 가닥 있어
타는 가슴 속 목마름의 기억이
네 이름을 남 몰래 쓴다 민주주의여

아직 동 트지 않은 뒷골목의 어딘가

발자국 소리 호르락 소리 문 두드리는 소리

외마디 길고 긴 누군가의 비명소리

신음 소리 통곡 소리 탄식 소리 그 속에 내 가슴팍 속에

깊이깊이 새겨지는 네 이름 위에

네 이름의 외로운 눈부심 위에

살아오는 삶의 아픔

살아오는 저 푸르른 자유의 추억

되살아오는 끌려가던 벗들의 피 묻은 얼굴

떨리는 손 떨리는 가슴

떨리는 치 떨리는 노여움으로 나무판자에

백묵으로 서툰 솜씨로

쓴다.

숨죽여 흐느끼며

네 이름을 남 몰래 쓴다.

타는 목마름으로

타는 목마름으로

민주주의여 만세.

시(詩) 속 화자가 원하는 것은 물 한 모금이 아니라 '민주주의'였다. 주님께도 타는 목마름으로 갈망했던 나라가 있었다. 하나님 나라는 주님의 꿈이었다. 그 꿈을 아는 순간 나도 그 꿈에 접속된다.

05 나는 몇 명의 밥그릇을 구하고 있는가?

"오늘 우리에게 일용할 양식을 주시옵고"

주기도문은 크게 두 부분으로 나뉜다. 첫 부분에 등장하는 기원(祈願)은 'You'에 초점이 모아진다. 그러니까 '하나님에게'다. 이어 뒤따르는 기원은 'You'가 아닌 'We'를 위한 것이다. 앞의 넷째까지 '하나님에게'였다면, 이번에는 '하나님으로부터'다.

킹덤 트리를 지나 산을 타고 오른다. 여러 나라 말로 된 주기도문 비(碑)들이 눈에 들어온다(사진⑭). 종교개혁의 발상지였던 독일어, 프랑스어, 그리고 마지막은 러시아로 마감되었다. 종교개혁의 물줄기가 유라시아까지 뒤덮는 꿈을 그려낸 것이다.

거기 작은 옹달샘이 나를 기다리고 있다. 물을 한 모금 마시고 고개를 치켜든다. 거대한 작품 하나가 또 나를 맞이한다. 180개의 타일 조각으로 그려진 '만종' 작품이다(사진⑮). 16세기 초엽의 밀레 작품이 200년을 뛰어넘어 타일 아티스트 이인영의 작품으로 다가온 듯하

다. 스케일과 새로운 기법이 순례자들을 압도한다. 작품에는 여러 평가와 해석이 따른다. 우리에게는 이발소 그림으로 다가왔다. 옛날 이발소마다 걸려 있지 않은 곳이 없었다.

　밀레 이전까지만 해도 그림의 대상은 신, 성인, 왕족, 귀족, 부자들이었다. 평범한 시민, 무희, 창녀, 농민, 가난한 이들은 사람도 아니었다. 밀레는 팔리지도 않을 농부를 그렸다. 그래서 가난할 수밖에 없었다. 생각해 보라. 미천한 농부 그림을 누가 집에 걸어두겠는가? 그런데도 이 그림이 인기를 끈 것은 그림의 상징성이다. 인간의 존엄에 대한 성찰이 있다. 노동의 가치에 대한 자각이 있다.

　종교개혁을 상징하는 두 기둥이 있다면 그것은 '만인사제설'과 '직업소명설'이다. '소명'(Berufung)이란 말은 중세 시대엔 영적 직무에 속한 이들에게만 해당되었다. 이를 세속 직업으로 확대시킨 것은 루터였다. '직업'(Beruf)이라는 단어를 소명에서 만들어 냈던 것이다. 경계는 무너졌다. 직업소명설은 고흐의 '감자 먹는 사람들'에서도 읽

혀진다. 시각예술로 피어난 작품들을 떠올리며 두 손을 모은다.

"일용할 양식을 주시옵고."

스코틀랜드에 남편을 잃고 홀로 아들을 키우는 엄마가 있었다. 하루하루가 버겁다. 끼니가 다가오는 게 두렵기까지 했다. 어느 날, 빈 밀통을 긁다가 울고 만다. 엄마의 우는 모습을 지켜보고 있던 다섯 살 아들이 엄마 옷소매를 붙잡고 묻는다.

"엄마, 왜 우세요? 하나님이 엄마가 밀통 밑바닥 긁어 밀 모으는 소리를 못 들으실까 봐서요?"

주님은 말씀하신다. "공중의 새를 보라 심지도 않고 거두지도 않고 창고에 모아들이지도 아니하되 너희 하늘 아버지께서 기르시나니 너희는 이것들보다 귀하지 아니하냐"(마 6:26). 약속 앞에 무엇이 겁나랴?

일용할 양식을 구할 때 감사를 드린다. 생명의 원천이 되시는 하나님을 고백하게 된다. 거기에 자족(自足)의 정신이 함께 한다. 어느

부자인들 하루 10끼를 먹을 자 있겠는가?

　양식을 구하는 기도 속에 우리는 꿈도 새긴다. 무슨 말인가? 나는 나의 세끼 양식을 뛰어넘어본 일이 있는가? 나로 인해서 더 많은 사람이 일용할 양식을 누리고 감사할 식탁을 구할 때, 비로소 나의 꿈도 자란다.

　나는 종교개혁 500주년 기념교회(청란교회)의 담임목사로, 우리 교회 L장로의 꿈을 좋아한다. 그는 "나로 인하여 5천 명이 먹고 마실 수 있게 해 달라"고 기도한다. 오병이어의 기적이 고용창출의 꿈으로 피어난 것을 본다.

　"나는 몇 명의 밥그릇을 구하고 있는가?" 거기에 나의 소명이 미소 짓고 있다.

06 살며 견디다 보면 살아지는 것

겟세마니 언덕길에서 흘리는 눈물

'예술은 덜어내는 힘'이라고 말했던 것은 미켈란젤로였다. 그는 말한다. "다른 이들의 눈에는 그저 채석장 벽에서 떼어 낸 무거운 대리석 덩어리로만 보일 뿐이다. 나는 돌을 보면 그 안에서 뒤틀리고 신음하며, 뛰쳐나오려고 몸부림치는 생명을 느낄 수 있다."

스마트폰을 QR 코드에 대면 유튜브 영상이 연결된다(사진⑯). 세 살짜리 소녀(Claire Ryann)가 부르는 '겟세마니'(Gethsemane) 노래를 들으며 산길을 오르다 보면 미켈란젤로의 손길로 다듬은 '피에타 상'(최 바오로 作)과 마주하게 된다. '호모 파티엔스'(Homo Patiens)다(사진⑰).

'피에타'는 슬픔 혹은 비탄이라는 뜻의 라틴어다. 십자가에서 내려진 아들 예수를 안고 있는 어머니 마리아의 모습을 형상화하면서 '피에타'는 그런 형태의 그림이나 조각을 지칭하

는 이름이 되었다.

이 작품의 이름 중 파티엔스는 '환자'라는 뜻의 'patient'에서 비롯되었다. '아파하는 인간', '고뇌하는 인간', '고통 받는 인간'을 뜻한다. 얼마나 많은 정으로 쪼이고 쪼여 저런 작품으로 태어났을까? 나도 모르게 얼굴을 감싼다. 눈물이 핑 돈다. 죽음을 눈앞에 둔 주님의 심정을 성경은 이렇게 전한다.

"고민하고 슬퍼하사."

"내 마음이 매우 고민하여."

"얼굴을 땅에 대시고 엎드려 기도하여."

세 번이나 부르짖지만 하나님은 답이 없다. 제자들은 잠에 골아떨어졌다. '홀로 그리고 침묵', 얼마나 아팠을까?

겟세마니, '기름 짜는 기계'라는 뜻으로 예루살렘의 동쪽, 감람산의 서쪽 기슭의 동산이다. 그야말로 실존적 고뇌를 상징한다. 하지만 주님의 그 고뇌가 있어, 대신 우리는 희망을 붙잡는다. 위로를 얻는다. 지독한 역설이다. 낭떠러지가 그렇다. 왜 하나님은 나를 낭떠러지로 부르시는 걸까? '내게도 날개가 있는 천사'라는 것을 깨우쳐 주시기 위해서다.

범브란트 목사, 그에게도 겟세마니가 있었다. 1948년 루마니아 비밀경찰에 의해 연행되었다. 온갖 고문을 당했다. 기독교 신앙을 버리라는 것이었다. 옥에 갇힌 채 수년 동안 면회조차 박탈당했다. 한번은 면회를 허락하겠으니 가족에게 편지를 쓰라는 말을 들었다. 면회 당일 면도도 하고 옷도 갈아입었다. 들뜬 마음으로 기다렸다. 하지만 아무리 기다려도 가족은 나타나지 않았다.

그들은 잔인했다. 낙심한 범브란트 목사에게 "이제 아무도 너를 사랑하지 않는다"라는 말을 방송으로 흘려보냈다. 너무도 큰 좌절이었다. 아팠다. '가족들마저 날 버렸구나!'

실은, 엽서는 아내의 손에 들어가지도 않았다. 동료 죄수들이 가족을 만난 이야기를 하며 범브란트 목사님을 비웃었다. 그때 다시 방송이 나왔다. "하나님은 죽었다. 하나님은 없다."

자신도 모르게 그 말이 믿어지기 시작하는 것을 느꼈다. 범브란트 목사는 몸부림친다. '내가 지난 몇 년 동안 어떻게 믿음을 지켰는데, 하나님, 이게 뭡니까?'

그 순간 배교의 때가 이를 것이라던 성경 말씀이 생각났다. 무덤에 찾아간 여인들도 생각났다. '그 여인들도 나처럼 이렇게 절망스러웠겠지! 하지만 그들은 울면서도 예수님의 무덤을 떠나지 않았다!'

범브란트 목사님은 자신을 하나님께 다 드렸다. 이유를 알 수 없는 혼돈 속에서 자신의 판단까지 하나님께 전부 맡겼다. 그의 고백은 처절했다. "하나님, 저는 그냥 울기만 하겠습니다. 무덤 곁에서 울던 여인들처럼!" 눈물은 그의 마지막 '선택'이었다.

결국 범브란트 목사는 풀려났다. 범브란트의 승리였다. 아니, 하나님은 끝끝내 그를 붙잡고 계셨다.

호모 파티엔스, 명사형으로 쓰이면 '환자'가 되고 형용사로 쓰이면 '견디다'가 된다. 그래, "살다보면 살아진다"고 하지 않던가?

범브란트 목사를 살려냈던 그 '눈물'이 나를 살린다. 주님이 내 기도는 외면하시는 듯해도 내 눈물방울은 헤아리신다 하지 않던가? 아니, 주님도 우셨다 하지 않았던가?

07 향나무는 도끼날에 향을 묻힌다

"우리가 우리에게 죄지은 자를 사하여 준 것 같이
우리 죄를 사하여 주시옵고"

눈물을 닦고 얼굴을 든다. 눈앞에 다가온 십자가, 십자가를 통해 세상(서종 마을과 북한강)을 들여다본다(사진⑱). 그러고 보니 십자가는 '열린 십자가'였다. 십자가에 둘린 리본도 눈에 띤다. 위로와 치유의 상징인 리본이 어느새 're-born'(재탄생)이 되어 있음을 안다.

동산을 내려선다. 이번엔 '깔딱 고개'가 가로막고 있다. '어떻게 오르지?' 걱정하는 순간, 손에 허브정원에서 갓 딴 애플민트를 건네준다. 딱 한 잎씩이다. 코에 가까이 댄다. 향이 뇌신경을 휘감아 돈다. 머리가 시원해진다. 이번에는 폐부를 찌른다. 온 몸이 춤을 추는 듯 발걸음도 사뿐사뿐이다. 큰 숨 몇 번에 '깔딱 고개'가 '작은 둔덕'이 되고 만다.

이번에는 짧은 아포리즘 하나가 건네진다. "향나무는 자기를 찍는 도끼날에도 향을 묻혀 떠나보낸다." 요셉이 그랬다. 자기를 팔아

남긴 형제들을 보복하기는커녕 지극정성으로 돌본다.

"당신들은 나를 해하려 하였으나 하나님은 그것을 선으로 바꾸사 오늘과 같이 많은 백성의 생명을 구원하게 하시려 하셨나니 당신들은 두려워하지 마소서. 내가 당신들과 당신들의 자녀를 기르리이다 하고 그들을 간곡한 말로 위로하였더라"(창 50:20,21)

인생의 깔딱 고개, 죽음 앞에서 요셉이 고백하는 유언이 절절하다. 할 수 있는 것을 다한다. 말 그대로 '다함'이다.

창세기는 '처음에'라는 의미를 가진 책이다. 처음에 어떤 일이 일어나고 있었을까? 창세기를 보면 모든 답이 있다. 그 끝자락에 이르러 전하는 강렬한 메시지는 뜻밖에 용서다. 가해자와 피해자 사이의 화해 장면은 드라마틱하다. 요셉에게 와서 엎드려 비는 형제들, 요셉은 창자가 찢어지는 고통을 느낀다. 형제들을 다독인다.

빙점의 작가 미우라 아야코 여사는 "화해야 말로 인간의 마지막 사명"이라고 했다.

"영원히 살 것처럼 꿈꾸고 내일 떠날 것처럼 사랑하라." 요셉의 생애를 이보다 더 잘 요약한 말도 없다. 요셉의 마지막이 부러운 것은 왜일까?

젊은 청년이 한 신학자에게 다가와 묻는다. "언젠가 천국에서 사랑하는 사람들과 다시 만나게 되는 것이 사실인가요?"

그가 대답한다. "그렇다네. 하지만 사랑하는 사람만이 아니라네."

천국에 가기에 앞서 모든 사람을 사랑하는 사람으로 채워놓을 수 없을까?

다시 그림에 시선을 돌린다. 렘브란트의 돌아온 탕자다(사진⑲). 구겨지다 못해 망가진 아들의 영혼을 만져주는 아버지, 길고 긴 기다림은 얼마나 아팠을까? 헤진 옷과 더러운 발바닥이 말하는 방황의 흔적에 눈을 감은 아버지가 있다. 나도 아버지의 저 사랑, '용서'로 우뚝 설 수 없을까?

성경이 이른다. "서로 용납하여 피차 용서하되 주께서 너희를 용서하신 것같이 너희도 그리하고"(골 3:13).

하지만 여전히 용서는 어려운 삶의 과제다. 용서를 어떻게 시작할까?

'누군가를 용서하고 싶지만, 용서할 수 없는 자신을 용서'하는 일로부터 용서는 시작된다. 시작의 책 창세기는 나에게도 여전히 유효하다.

08 가지 않은 길과
가야 할 길

두 갈래의 길에서 제 갈 길 선택하기

미국 시인 프로스트의 시에 '가지 않은 길'(The road not taken)이 있다.

단풍 든 숲 속에 두 갈래 길이 있었습니다.
몸이 하나니 두 길을 가지 못하는 것을
안타까워하며, 한참을 서서
낮은 수풀로 꺾여 내려가는 한쪽 길을
멀리 끝까지 바라다 보았습니다.
그리고 다른 길을 택했습니다. 똑같이 아름답고,
아마 더 걸어야 될 길이라 생각했지요.
풀이 무성하고 발길을 부르는 듯했으니까요.
그 길도 걷다 보면 지나간 자취가
두 길을 거의 같도록 하겠지만요.

그날 아침 두 길은 똑같이 놓여 있었고
낙엽 위로는 아무런 발자국도 없었습니다.
아, 나는 한쪽 길은 훗날을 위해 남겨 놓았습니다!
길이란 이어져 있어 계속 가야만 한다는 걸 알기에
다시 돌아올 수 없을 거라 여기면서요.
오랜 세월이 지난 후 어디에선가
나는 한숨지으며 이야기할 것입니다.
숲 속에 두 갈래 길이 있었고, 나는
사람들이 적게 간 길을 택했다고
그리고 그것이 내 모든 것을 바꾸어 놓았다고.

'가보지 않은 길', '가지 않은 길', '걸어보지 못한 길', '가보지 못한 길' 사이에서 우리는 끊임없는 선택을 해야 한다. 이 중 맞는 것은 '가지 않은 길'이다. 선택적 의지가 있기 때문이다(사진⑳).

꼭대기에 올라서서 다짐한다. '가보지 않은 길을 아쉬워 말자.'

'뒤돌아보지 말자.' 그때 누군가가 찬양을 시작한다.

주님 뜻대로 살기로 했네.
주님 뜻대로 살기로 했네.
주님 뜻대로 살기로 했네.
뒤돌아서지 않겠네.
뒤돌아서지 않겠네.
어떠한 시련이 와도 수많은 유혹 속에도
신실하신 주님 약속 나 붙들리라.
세상이 이해 못하고 우리를 조롱하여도
신실하신 주님 약속만 붙들리라.
결코 돌아서지 않으리.

다음으로 주어지는 길은 '가야 할 길'이다. 제 갈 길을 아는 사람에게 세상은 길을 비켜준다 하지 않던가?
영성의 오솔길을 계속 걷는 이들에게 그 길(Gil)이 'God is Love'가 되길…(사진㉑).

09 거미줄과 366의 비밀

"우리를 시험에 들게 하지 마시옵고
다만 악에서 구하시옵소서"

로마의 기독교 박해 시절, 노라 패릭스라는 교회 지도자가 있었다. 수색대를 피해 산으로 도망친다. 바위틈에 있는 작은 굴을 발견한다. 몸을 감춘다. 그도 안다. 추격꾼들이 그 정도 굴을 못 찾아낼 리 없다는 것을. 패릭스는 마지막 기도를 드린다. "나의 생명을 받아 주소서."

추격꾼들이 동굴 입구까지 찾아왔다. 하지만 수색을 포기한다. 패릭스가 굴속에 있는 동안 거미가 바위 입구에 거미줄을 쳤던 것이다. 거미줄이 귀찮았던 추격꾼들은 그곳을 지나가 버렸다.

기적적으로 생환한 패릭스는 이렇게 고백한다. "하나님이 함께 하시지 않으면 돌벽과 철문도 거미줄처럼 약하답니다. 그러나 하나님이 함께하시면 거미줄도 철문보다 강하지요."

22

'산위에 무슨 이렇게 큰 거미줄이…' 하고 놀랄 것이다(사진㉒). 거미줄만이 아니다. 자세히 보면 거미줄에 거미의 행렬이 보인다. 그것이 글씨가 된다. 'stressed'

뒤집어 읽으란다. 그러고 보니 'desserts'(디저트)가 된다. 배시시 웃음이 나온다. 이어지는 한 마디. '스트레스(stress)를 스토리(story)로!' 순례자들이 합창하듯 화답한다. '스트레스를 스토리로!!'

범브란트 목사의 두 번째 이야기가 이어진다. 그는 옥에 갇혀 두려움이 엄습해올 때마다 성경을 꺼내 읽는다. 몰래 가지고 들어온 성경이다. 그의 시선이 박히는 구절이 있다. "두려워하지 말라 내가 너와 함께 함이라 놀라지 말라 나는 네 하나님이 됨이라 내가 너를 굳세게 하리라 참으로 너를 도와주리라 참으로 나의 의로운 오른손으로 너를 붙들리라"(사 41:10).

그는 약속의 말씀에 의지해 하루하루를 버텨낸다. 그러던 어느 날, 그가 두려움에서 벗어나 마음의 평안을 얻었을 때다. 자신이 밑줄까지 그어가며 읽었던 그 약속의 말씀을 몇 번이나 읽었는지 헤아려 보기 시작한다. '무려 366번이나!'

범브란트 목사는 놀란다. '하나님이 일 년 내내 두려움에 빠지지 않도록 하루에 한 번 꼴로 이 약속의 말씀을 주셨구나.'

문제는 1년은 365일인데 왜 366번일까? 그의 고백은 이렇게 이어진다. "하나님께서는 4년마다 한 번씩 돌아오는 윤년까지 헤아리셔서 내가 단 하루도 두려움에 빠져 허우적거리는 것을 용납할 수 없으셨다."

그러니 무엇이 두려울 것인가? 성경 말씀을 소리 내어 읽는다.

"너희는 강하고 담대하라 두려워하지 말라 그들 앞에서 떨지 말라 이는 네 하나님 여호와 그가 너와 함께 가시며 결코 너를 떠나지 아니하시며 버리지 아니하실 것임이라 하고"(신 31:6)

　내 인생의 스트레스가 스토리가 되는 그 날까지….

10 어찌 안 놀라 찬양 안 할까?

삼경봉(參驚峰)을 오르며 세 번 놀라라

세 번 놀란다는 삼경봉(參驚峰)이다(사진㉓). 첫 번째는 나 자신에게 놀란다. '내가 그렇게 사랑받는 하나님의 자녀였다니….' 두 번째는, 사랑받는 자녀일 뿐 아니라, 주기도문으로 나를 이끄시는 깨달음과 하나님의 사랑에 놀란다. 세 번째, 이번엔 내가 세상을 놀라게 할 차례라서 놀란다.

길(Gil)을 따라온 영혼의 순례자들에게 들려주는 이야기가 있다. "'God is Love'의 아버지 사랑은 놀랍게도 '미학(美學)을 머금고' 온다. 미학의 세 가지 핵심은 '감동', '유익', 그리고 '재미'다."

누가복음 15장이 그 전형이다. 집을 떠났던 둘째 아들이 집에 들어선다. 아버지는 아들을 허물지 않는다. "그 많은 재산은 어찌 되었는지?" "어쩌다 이런 몰골로 돌아오게 되었는지?"

아버지에게는 아들의 존재 자체가 기쁨이다. 아들은 놀란다. 형벌

받아 마땅한 자신을 이렇게 환대하다니…. 아버지는 아들의 헤어진 옷을 보신다. 속살이 드러난 아들, 아버지는 그 수치를 새 옷으로 가려준다. '감동'이다. 헤어진 옷만이 아니다. 아들의 배고픔을 아신다. 주린 배를 채워준다. 돼지 쥐엄 열매도 사치스러웠던 아들에게 살진 송아지를 내 놓는다. 아들에게 주어지는 '군수물자'(!)다. 이번에는 신발을 신기고 가락지까지 끼운다. 신분의 회복이다. 풍성한 '이로움'이다. 그리고 선언한다. "우리가 먹고 즐기자."

문제는 이런 아버지의 뜻에 반(反)하는 아들이 있다. 큰 아들이다. 그의 행위는 아버지의 미학(美學), 아름다움에 대한 도전이다. 아버지의 한없는 아름다움과 달리 추하기 그지없다. 무엇이 추(醜)일까? 한자를 곱씹어 보라. 술 '주'(酒)에 귀신 '귀'(鬼)다. 귀신도 끔찍한데 술까지 쳐 먹었으니(!) '개구신'(九神-아홉 귀신)이 된다.

이제 미학으로 내 가정을 세우고 세상을 감동시킬 수 없을까? 창조의 미학, 관계의 미학, 가난의 미학, 죽음의 미학…. 많다.

식물의 개체 수는 믿기 어려울 정도로 많다. 미국 서부의 보호림 안에만도 800억 그루의 나무가 산다. 그중 캘리포니아에 있는 소나무 '므두셀라'는 4,848살로 세계에서 가장 나이가 많다. 수백, 수천 년의 생명력을 지속하는 나무, 그 일생에는 자연으로부터 얻은 지혜가 오롯이 담겼다(사진㉔).

나무는 한 톨의 씨앗에서 시작된다. 씨앗은 어떻게 기다려야 하는지 안다. 대부분 씨앗은 자라기 시작하기 전 1년은 기다린다. 체리 씨앗은 100년을 기다리기도 한다. 각각의 씨앗이 정확히 무엇을 기다리는지는 그 씨앗만이 안다. 씨앗은 싹을 틔우기까지 짧게는 일 년, 길게는 백 년을 기약 없이 기다린다. 중국 땅에 묻힌 연꽃 씨앗은 무려 2,000년을 기다려 꽃을 피우기도 했다. 인간의 왕조가 흥망성쇠를 거치는 동안 작은 연꽃 씨앗은 미래에 대한 희망을 버리지 않고 고집스럽게 버틴 것이다. 씨앗이 온도, 수분, 빛 등 여러 조건이 맞아떨어졌다는 신호가 있어야 싹을 틔울 수 있다. 그 순간이 영영 오지 않을지도 모른다. 그런데도 포기하지 않고 기다린 씨앗이 있기에 울창한 숲이 탄생했다(《Lab Girl-나무, 과학 그리고 사랑》, 호프 자런 지음 참고).

이런데도 어찌 찬양을 안 할 수 있을까?

서울과 달리 양평의 밤하늘엔 별이 총총하다(사진㉕). 윤동주 시인의 별 헤는 밤이 다가온다. 풀벌레 소리, 숲 소리를 들으며 산책로를 걷는다. 그리고 자신과 내면의 대화를 즐긴다. 다짐한다.

당신이 활짝 피어나면 나비는 절로 날아든다.
당신이 뛰어나면 하늘이 먼저 당신을 찾는다.
자아를 실현하는 가장 좋은 방법, 궁극의 행복에 이르는 법은
마음을 활짝 열어 나비를 매료시키는 꽃이 되는 것이다.
결코 외부의 가치관에 끌려 다니거나
다른 사람의 인정을 받기 위해 경쟁할 필요가 없다.
_리카이푸, 《내게 남은 날이 백일이라면》에서

난 그때 진정으로 세상을 놀라게 할 수 있을 것인가? '감동', '이로움', '재미'로 찾아오는 아름다운 세상이 눈앞에 와 있다.

11 산 정상에서 만나는 송영의 십자가

"나라와 권세와 영광이 아버지께
영원히 있사옵나이다"

'춤추는 십자가'에서 출발한 산책길, 내 마음을 어루만져 주는 '치유의 십자가'를 지나 드디어 정상에서 '송영(頌榮)의 십자가' 앞에 선다 (사진㉖).

부활하신 주님이
두 팔 벌려 그려낸 십자가,
포옹은 두 팔로 표현하는 미소이자
더욱 강하게 악수하는 웃음이다.
이번에는 내가 작은 십자가가 된다(사진㉗).

부활은 예수 그리스도의 '다 이루었다'는 큰 울부짖음에 대한 하나님의 '아멘'이다. 십자가는 못난 나를 안아주시는 사랑에 대한 나

의 '할렐루야'가 되고…. 그 수천의 메아리(도예조각들)가 커다란 십자가를 이루었다. '아름답다.'

종교개혁 500주년 기념교회(청란교회) 성도들의 고백은 또 하나의 시가 된다.

아름다운 하늘과 땅 그리고 강
바이블 마운틴, 높은 곳에 대형십자가
흙 한줌 한줌이 1250도라는 고온을 견디어 낸 아트도자
벽화가 모여져
거대한 주님의 십자가 이루었다.
한 장 한 장 땀방울과 손놀림을 넘어서 혼을 보는 듯
또 하나의 삶의 완성이 있다.
자기 자리를 찾아 세워진 십자가
많은 사람들이 이곳을 찾아 치유 받고
주님이 행하신 일 위에 기쁨과 환희의 찬양을 드리길.

그렇다. 주기도문 산책의 끝자락에서 우리는 송영(頌榮)을 드린다. "내 영혼아 여호와를 송축하라 여호와 나의 하나님이여 주는 심히 위대하시며 존귀와 권위로 옷 입으셨나이다"(시 104:1).

야간 산책길에 참가자 중 한 사람이 말했다. "저는 내일이면 킬링필드라 불리는 캄보디아로 떠납니다. 한데 오늘 이곳 바이블 마운틴에 와서 주님의 부르심을 발견했습니다. 가서 킬링필드를 힐링필드로 만들어 놓겠습니다."

무엇으로? "십자가의 힘으로!" 아멘!

산꼭대기에 세운
십자가의 뒷이야기

산(山) 정상으로 헬기 이동, 문화재 보험 가입, 2.5톤 이상 무게일 때 2천만 원에 가까운 물류 비용…. 내 생애 한 번도 경험해 보지 못한 세계였다. 엄청난 도전이었다. 기도할 밖에…. "주님의 뜻이 이루어지이다."

'이동 중 깨지기라도 한다면?' 걱정이 왜 없겠는가? 높이 5미터, 2톤이 넘는 작품의 설치 작업을 두고 한 말이다. 이동작업은 또다시 요동쳤다.

옮기기 직전, 파리1대학의 조형예술학박사인 서길헌 선생의 코치 한 마디에 먹구름이 몰려왔다. 구조물 설치의 기본 요건인 구조 계산이 안 되었던 것이다.

기상청의 날씨 예보는 변덕스러웠다. 작품을 기부한 원로 도예가 윤석경 선생님의 목소리도 떨리고 있었다. 또 다시 엎드렸다. "주여, 내 원대로 마시옵고…."

마지막 밤, 나만 밤을 뒤척이지는 아니했을 터. 평생의 역작인 '십자가'를 양평 더블유 스토리로 시집보내는 어미의 심정이 아니었을까?

"비계(飛階)를 증오한다. 당신도 비계에서 몇 시간이고 누워 천장에 그림을 그려보라. 물감이 붓으로 귀로, 입으로, 수염으로 떨어지는 꼴을 당해보라. 저녁이 되어 비계에서 내려오면 온몸이 아파서 견딜 수가 없다. 이보다 더한 고문 도구가 없다. 머리는 빙글빙글 돌고, 목은 완전히 뻣뻣해지고, 허리는 산산조각 난 듯 제대로 펼 수가 없다. 관절염으로 무릎은 뒤틀리고, 다리가 후들거려 발을 떼어 놓기도 힘들다. 게다가 눈에 들어간 물감 때문에 거의 장님이 되어 버릴 지경이다. 마침내 침대에 누울 때면 장화를 벗고 물감으로 얼룩진 작업복을 갈아입을 힘조차 남아 있지 않다. 지난주에는 큰맘 먹고 목욕을 한번 하려고 신발을 벗었는데 살이 짓물러 신발에 붙어 버렸다. 결국 신발을 벗기 위해 살갗을 떼어 내야 했고, 고통에 비명을 질렀다."

미켈란젤로의 고백이다. 모든 창조에는 이렇듯 고통이 따른다. 산모의 고통처럼….

작품을 제작한 원로 도예작가 윤석경 님도 그렇게 고통스럽고 아팠단다. 하지만 작품의 열정을 꺾지 못했다. 여름을 지나고 가을 그리고 겨울까지 이어졌다. 눈물 나는 작업이었다. 작업장 돌뫼에 놓여 있던 자식 같기만 한 작품이 그랬다.

그러던 어느 날 이것을 주기도문 프로젝트에 내놓기로 한다. "이 작품을 내 집에 두면 작품으로 남겠지만 기독교 성지와 같은 이곳에 두면 명품이 되지 않겠습니까?"

눈을 뜬 새벽 날씨는 부슬부슬 비였다. 온 몸을 감싸고 도는 운무(雲霧)를 보며 또 다시 두 손을 모았다(사진㉙). "시험에 들게 하지 마시옵고."

새벽같이 도착해 대기하고 있는 포크레인의 기계 소리가 심장박동처럼 든든했다. 끄등끄등…. 내 심장도 함께 뛰고 있었다.

이어서 도착한 작품, 마치 꽃가마를 타고 온 신부처럼 눈부셨다. 작품 이동경로를 만드느라 새로 뚫은 길은 신부입장을 위한 양탄자 같았다. 전날의 소나무 전지작업은 꽃 장식이었고, 작품 설치를 돕는

스태프와 인부들조차 하객처럼 들떠 있었다.

작품이 정상에 얼굴을 내미는 순간, 하객들은 환호했다. 박수가 터져 나왔다. 내 눈에는 왜 모든 게 결혼식처럼 보였을까? 오후 6시

가 넘어서야 결혼식을 마쳤다. 우아한 자태를 드러낸 작품을 옆에 두고 탁 트인 북한강을 굽어보며 이번에는 소리쳤다(사진㉙).

"나라와 권세와 영광이 아버지께 영원히 있사옵나이다."

첫 날 밤을 보내고 설레임에 눈을 뜬 새벽에, 깨달았다. 주기도문 길이 주기도문으로 세워지고 있음을….

종교개혁 500주년 기념교회 성도들과 함께 맞이하는 주기도문

주일이 몹시 기다려진다. 이날의 축하연에 우리는 보첼리의 노래보다 더 감동스러운 주기도문 송으로 주님을 찬양할 것이다.

12 주기도로 들여다본 시편 23편

시편 23편은 '시편의 나이팅게일', '시편의 진주'라 불린다. 불멸의 노래다.

시편 23편은 어린아이의 입술을 통해 드려진 찬양이다. 쏟아지는 눈물과 함께 드려진 기도인가 하면, 임종을 맞이하는 순간의 가쁜 숨결과 함께 드려진 신앙의 고백이다.

시편 23편의 언어는 직구가 아닌 변화구다. '푸른 초장'과 '사망의 음침한 골짜기'가 있다. '두려움'이 있는가 하면 '위로'가 있다. '지팡이와 막대기', '잔과 기름', '선하심과 인자하심'이 나란히 떠오른다. 야훼(여호와)로 시작된 시편은 야훼로 마쳐진다. 잘 박힌 보석과 같다.

이번에는 시편 23편 속에 알알이 박힌 주기도문을 들여다보았다. 시편 속의 병행구절처럼 대조가 있고 비교가 있다. 마치 쌍무지개를 보는 듯, 그렇게 황홀할 수 없다.

하늘에 계신 우리 아버지여

→ 여호와는 나의 목자시니 내가 부족함이 없으리로다

야훼는 시편 전체의 의미를 총괄하는 단어다. 또한 반복 구문인 '당신께서 저와 함께 계십니다'를 통한 관계 개념이 있다. 관계의 친밀성은 '나의 목자'에서 더 도드라진다.

'아쉬울 것이 없으리로다'라는 말 속에 과거와 현재와 미래가 만난다. 그분이 목자가 되심으로 그동안 부족함이 없었으며, 지금도 없으며, 앞으로도 없을 것이다. 여기에 과거에 대한 감사, 현재에 대한 만족, 미래에 대한 확신이 담겨 있다.

이름이 거룩히 여김을 받으시오며

→ 자기 이름을 위하여 의의 길로 인도하시는도다

'그의 이름에 어울리도록', '그의 이름에 영광을 돌리도록', '그가 약속하신대로'…. 의의 길은 다양하게 해석된다. '바른 길', '의의 행로', '행복으로 인도하는 길', '유쾌한 길' 등이다. 특히 구약에서는 '구원의 길'을 의미한다. '그의 이름은 여호와 우리 공의라 일컬음을 받으리라'(렘 23:6). 거기 새 예루살렘이 있다.

나라가 임하시오며

→ 그가 나를 푸른 풀밭에 누이시며 쉴만한 물가로 인도하시는도다 내 영혼을 소생시키시고

하나님 나라가 임한 모습이 그려진다. 사망의 음침한 골짜기에서도 누이시고, 인도하시며 소생시키고 생기 넘친다. 초장은 약속의 땅을 상기시켜준다(83:12). 약속의 땅은 안식처였다(신 12:9, 시 95:11). 임할 것

이 아니다. 이미 임했다.

주기도문이 두 단락으로 나누이듯 시편 23편도 그렇다. 3인칭의 고백이 2인칭으로 바뀐다.

우리에게 일용할 양식을 주시옵고
→ 주께서 내 원수의 목전에서 내게 상을 차려 주시고
'내 원수의 목전에서', '원수들 보라는 듯', '내 원수들이 보는 앞에서'(내 원수를 거슬러)
　그분이 친히 차려 놓으신 상이다. 이보다 더 극적일 수 없다. 대역전의 드라마가 있다.

우리 죄를 사하여 주시옵고
→ 기름을 내 머리에 부으셨으니 내 잔이 넘치나이다
'환대'다. 마치 돌아온 탕자를 위해 베푼 잔치를 떠올리게 한다. 살진 송아지는 풍성한 잔치의 대표명사다. 가락지는 그 대미를 장식한다. 무엇보다 돌아온 아들에게 어떤 것도 따져 묻지 않고 넘치도록 부어 주시는 아버지의 모습 그대로다. 감히(?) '용서'라는 말을 꺼내지 않는다. 행위가 언어를 압도한다. 기막히다.
　'당신은 나를 귀한 손님으로 영접해 주십니다.' '생기의 회복', 윤택케 함이다. '가치 있는 존재로의 받아주심'이다.

악에서 구하시옵소서
→ 내가 사망의 음침한 골짜기로 다닐지라도 해를 두려워하지 않을 것

은 주께서 나와 함께 하심이라 주의 지팡이와 막대기가 나를 안위하시 나이다

'당신의 지팡이와 당신의 막대기, 그들이 내게 힘을 줍니다'는 의미다. 무엇이 안위인가? '걱정할 것 없어라', '위로해 주시니', '위안을 주나이다'로 읽을 수 있다. 나는 고백한다.

"악인들이 내 몸을 집어 삼키려 달려들지라도 내 적이요 원수인 그들은 비틀거리다 쓰러지리라."(시 27:2, 지은이 옮김)

나라와 권세와 영광이 아버지께 영원히 있사옵나이다

→ 내 평생에 선하심과 인자하심이 반드시 나를 따르리니 내가 여호와의 집에 영원히 거하리로다

내가 할 수 있는 가장 큰 일이 무엇일까? 그분을 노래하는 일이다. 시인은 성전에서 한평생 예배하고 싶다고 한다.

> 주님께 청하는 것 하나 있어
> 나 그것을 얻고자 하니
> 내 한평생
> 주님의 집에 살며
> 주님의 아름다움(친절 또는 다정)을 우러러 보고
> 그분 궁정을 눈여겨보는 것이로다(시 27:4, 지은이 옮김).

이래서 시편 23편은 구약에 피어난 또 다른 주기도문이다.

13 주기도를 말씀으로 풀다

1. 하늘에 계신 우리 아버지

→ 관계의 고백, 자녀의 본분

① "내가 너희를 영접하여 너희에게 아버지가 되고 너희는 내게 자녀가 되리라 전능하신 주의 말씀이니라 하셨느니라"(고후 6:17b,18)

② "하나님께서 어느 때에 천사 중 누구에게 너는 내 아들이라 오늘 내가 너를 낳았다 하셨으며 또 다시 나는 그에게 아버지가 되고 그는 내게 아들이 되리라 하셨느냐"(히 1:5).

③ "너희가 아들이므로 하나님이 그 아들의 영을 우리 마음 가운데 보내사 아빠 아버지라 부르게 하셨느니라 그러므로 네가 이 후로는 종이 아니요 아들이니 아들이면 하나님으로 말미암아 유업을 받을 자니라"(갈 4:6,7).

2. 이름이 거룩히 여김을 받으시오며

→ 일상의 거룩, 성(聖) 가정의 꿈

① "거룩하신 아버지여"(요 17:11).

② "나는 너희의 하나님이 되려고 너희를 애굽 땅에서 인도하여 낸 여호와라 내가 거룩하니 너희도 거룩할지어다"(레 11:45).

③ "너희 마음을 굳건하게 하시고 우리 주 예수께서 그의 모든 성도와 함께 강림하실 때에 하나님 우리 아버지 앞에서 거룩함에 흠이 없게 하시기를 원하노라"(살전 3:13).

3. 나라가 임하옵시며

→ 나라에 대한 열망, 주권과 통치

① "나더러 주여 주여 하는 자마다 다 천국에 들어갈 것이 아니요 다만 하늘에 계신 내 아버지의 뜻대로 행하는 자라야 들어가리라"(마 7:21).

② "그러나 여호와여, 이제 주는 우리 아버지시니이다 우리는 진흙이요 주는 토기장이시니 우리는 다 주의 손으로 지으신 것이니이다"(사 64:8).

4. 일용할 양식을 주시옵고

→ 일터로의 부름, 소명

① "그러므로 내가 너희에게 이르노니 목숨을 위하여 무엇을 먹을까 무엇을 마실까 몸을 위하여 무엇을 입을까 염려하지 말라 목숨이 음식보다 중하지 아니하며 몸이 의복보다 중하지 아니하냐 공중

의 새를 보라 심지도 않고 거두지도 않고 창고에 모아들이지도 아니하되 너희 하늘 아버지께서 기르시나니 너희는 이것들보다 귀하지 아니하냐"(마 6:25,26).

② "그들에게 만나를 비같이 내려 먹이시며 하늘 양식을 그들에게 주셨나니"(시 78:24).

5. 우리 죄를 사하여 주시옵고

→ 치유와 회복으로의 초대, 용서

① "너희가 사람의 잘못을 용서하면 너희 하늘 아버지께서도 너희 잘못을 용서하시려니와"(마 6:14).

② "너희 아버지의 자비로우심 같이 너희도 자비로운 자가 되라"(눅 6:36).

③ "서서 기도할 때에 아무에게나 혐의가 있거든 용서하라 그리하여야 하늘에 계신 너희 아버지께서도 너희 허물을 사하여 주시리라 하시니라"(막 11:25).

④ "주님께서 여러분을 용서하신 것과 같이, 여러분도 서로 용서하십시오."(골 3:13, 새번역).

6. 시험에 들게 하지 마시옵고 악에서 구하시옵소서

→ 보호에 대한 확신, 담대함

① "그리스도께서 하나님 곧 우리 아버지의 뜻을 따라 이 악한 세대에서 우리를 건지시려고 우리 죄를 대속하기 위하여 자기 몸을 주셨으니"(갈 1:4).

② "너희는 강하고 담대하라 두려워하지 말라 그들 앞에서 떨지 말

라 이는 네 하나님 여호와 그가 너와 함께 가시며 결코 너를 떠나지 아니하시며 버리지 아니하실 것임이라 하고"(신 31:6).

③ "우리 주 예수 그리스도와 우리를 사랑하시고 영원한 위로와 좋은 소망을 은혜로 주신 하나님 우리 아버지께서"(살후 2:16).

7. 나라와 권세와 영광이 아버지께 영원히

→ 자녀로서의 본분, 찬양

① "하나님 곧 우리 아버지께 세세 무궁하도록 영광을 돌릴지어다. 아멘"(빌 4:20).

② "한마음과 한 입으로 하나님 곧 우리 주 예수 그리스도의 아버지께 영광을 돌리게 하려 하노라"(롬 15:6).

산책하고 나서

종교개혁과 주기도문

안인섭
총신대학교 교수
Refo500 아시아 프로젝트 매니저

역사적으로 볼 때 주기도문은 가장 오용되어온 것 가운데 하나였다. 중세 기독교인들은 죄를 지은 것에 대한 보속으로 암송을 해야 했다. 마치 주문을 외우듯, 뜻도 알지 못하는 라틴어로 말이다.

1517년 루터의 종교개혁 이래 성경이 자국어로 번역되면서, 주기도문 역시 산상수훈과 함께 인간의 심장에 들어오게 되었다. 주기도문은 종교개혁의 선구자인 마틴 루터부터 시작해 마틴 부처, 그리고 2세대인 칼빈 모두에게 강력한 영향을 미쳤다.

루터(Martin Luther: 1483-1546)는 종교개혁을 시작한 지 12년 후 1529년에 청소년을 위한 소요리문답과 목회자를 위한 대요리문답을 출판한다. '율법과 복음'이라는 루터의 신학 체계 속에서 '십계명'과 '사도신경'이 각각 해설되었다.

그러면 주기도문은 무엇일까? 비록 우리가 무엇을 행하고 무엇을 믿어야 하는지는 다 알았다 하더라도, 연약한 인간은 하나님이 도우셔야만 그리스도인으로 살 수 있기 때문에 끈질기게 하나님께 기도해야 한다는 것이다. 이 맥락에 주님이 가르쳐주신 기도가 위치한다.

루터에게 주기도문은, 그리스도인이 그것 없이는 신자답게 살 수 없는 영성의 길이었다. 루터파와 더불어 종교개혁의 양대 산맥인 개혁주의로 오면, 주기도문은 보다 장엄한 그리스도의 나라(Regnum Christi)의 문맥에서 해석되었다. 스트라스부르그의 종교개혁자이자 칼빈의 멘토였던 마틴 부처(Martin Bucer: 1491-1551)는 1527년에 《복음서 주석》을 출판한 후 3번이나 증보판을 냈다. 이 주석에서 주기도문을 해설하면서 그리스도의 나라를 소개해준다.

하나님의 통치는 하나님의 말씀과 더불어 역사하시는 성령께서 일하시는 데서 시작된다. 하나님의 부르심은 외적으로 말씀을 통해 오는데, 그것은 성령에 의해서 내적으로 부르시는 것이다. 하나님의 나라는 이렇게 우리의 죄를 사함에서 시작되는 것이다. 부처의 신학은 그의 《그리스도의 나라》(De Regnum Christi, 1550)를 통해 영국에도 큰 영향을 미쳤다. 부처 자신이 말년에 직접 캠브리지로 가서 강의하기도 했고, 그의 이 책은 제네바에서 불어로 출판(1558)되기도 했다.

종교개혁 2세대로서 선배들의 신학을 소화하여 종합적으로 체계화한 것은 존 칼빈(John Calvin: 1509-1564)이다. 그는 프랑스인이었지만 신앙의 박해 때문에 조국을 떠나 나그네가 되어 제네바에서 활동(1536-1564)했다. 칼빈이 1536년에 출판한 《기독교강요》에는 루터의 영향이 보인다. 루터가 그랬던 것처럼, 칼빈도 십계명과 사도신경과 주기도문을 해설했다. 그러나 칼빈이 제네바 사역 초기에 2년 남짓 (1538-1541) 스트라스부르그의 프랑스 난민교회에서 목회를 한 적이 있는데, 이때 마틴 부처와 깊이 신학적 교제를 했다. 칼빈이 스트라스부르그를 떠날 때 비로소 그 자신답게 되었다고 말할 정도다. 이 기간에 칼빈은 기독교강요 2판을 출판(1539)했다. 이때부터 칼빈의 신학이 체계화되기 시작하는데, 이 2판에 마틴 부처의 영향이 녹아 있다.

칼빈이 해석하는 주기도문은 하나님의 나라와 직접 관계된다. 칼빈은 기독교강요를 1559년까지 계속 증보하면서 종교개혁 신학을 총정리했다고 평가받는데, 그 최종판에서 가장 많은 절을 할애하고 있는 것이 3권 20장에 등장하는 '기도'다. 여기에서 그는 주기도문을 해설하고 있다. 칼빈이 주기도문을 얼마나 중요하게 보았는지 금세 알 수 있다.

칼빈에게 기도는 믿음의 실천이었고 이 기도를 통해서 매일 매일 하나님의 은혜를 받는 것이었다. 칼빈은 "우리가 하나님께 기도해야 할 것과 기도할 수 있는 것은 온통 이 기도 형식에 포함되어 있다. 이 기도문은 우리의 최대 교사이신 그리스도께서 주신, 이를 테면 기도의 표준이다"(기독교강요, 3.20.48.). "하늘 아버지에게 있는 보물에 우리 손이 닿으려면 기도해야 한다"(기독교강요, 3.20.2).

우리가 살펴본 것처럼 16세기 종교개혁자들에게 주기도문은 그리스도인과 그리스도의 나라와의 관계 속에서 중요한 의미를 가지고 있었다. 그것은 로마와 중세를 돌아보면 더 분명해진다.

로마는 종교개혁이 돌아가고자 했던 초대교회이자 동시에 개혁의 대상이 되었던 부패한 로마 가톨릭의 심장이었다. 왜 로마는 최고의 이상적 모델에서 최악의 적폐가 되어버렸을까? 초대교회는 박해 아래 지하 카타콤에서 예배하면서도 최선을 다해 다음세대를 위해 신앙을 교육했고, 이 신앙 공동체에 의해 하나님의 나라가 맹렬

하게 진행되었다.

그러나 로마제국으로부터 기독교가 공인되고 국교화되면서 그들은 더 이상 신앙의 본질이 아닌 외적 가치가 기독교인의 삶의 목적으로 대체되어버렸다. 그들이 추구했던 하나님의 나라는 당대 세계 최고이자 영광스러운 제국인 로마의 세속적 가치로 전도되었다.

그러나 문제는 하나님의 나라로 여겨졌던 이 로마가 게르만족에 의해 몰락하면서 발생했다. 기독교를 강력하게 법적으로 보호하고 후원하던 로마가 망하는 것을 지켜보면서, 하나님의 나라를 신학적인 화두로 삼으면서 본질적인 문제제기가 시작되었다. 이때 하나님의 나라를 로마제국과 분리해내면서 로마를 상대화시키고 현실화시킨 것은 어거스틴(St. Augustine: 354-430)이었다.

중세의 문제는 한 마디로 어거스틴의 하나님 나라 사상을 현세로 절대화시켰기 때문에 생긴 것이었다. 중세 1000년에서 길을 잃었던 기독교인의 하나님 나라 이해는 16세기에 이르러 새로운 각성과 도전을 받게 되었다. 나는 누구인가? 우리는 무엇을 향해 살아가는 사람들인가?

종교개혁은 어떤 면에서 보면 왜곡되었던 중세의 하나님 나라 이해를 성경적으로 바로 잡으면서, 그 정신으로 국가와 사회를 변혁시켰던 가장 중요한 역사적 전환점이라고 할 수 있다. 주기도문은 종교개혁의 양대 산맥인 루터주의와 개혁주의 모두에게 영감을 주었다. 종교개혁자들은 세상을 부정하지도 않지만 그 속에 함몰되지도 않으면서 세상 속에서 하나님의 영광을 드러내는 삶을 최고의 가치로 여기며 살려고 했다. 그 중심에 주기도문의 영성이 있는 것이다.

이런 의미에서 하이패밀리의 송길원 목사가 양평에 주기도문 산책로를 조성하고 이 책 《주기도문 산책》을 낸 것은 매우 뜻 깊은 일이다. 바쁜 일상에 묻혀 자신의 존재를 잊고 살아가는 현대인들에게 주기도문은 새로운 영성의 길을 제시해 줄 것이다. 마치 종교개혁자들에게 그랬듯이 말이다.

자기가 무엇을 위해 살아가는지 방향을 잃어버린 21세기 그리스도인들에게 주기도문은 우리가 주님의 나라의 시민으로서, 주님의 영광을 위해서 살아가야 하는 존재임을 다시 깨닫게 해 줄 것이다. 종교개혁자 마틴 부처가 "기도의 주된 목적은 하나님 나라의 도래"라고 말했던 것처럼 "당신의 나라가 임하시옵소서"라고 기도하며 일상을 살아가는 것이 종교개혁 500년의 진정한 의미가 아닐까?